Conny Koppers

Jetzt beginne ich neu

Affirmationen für Erfolg und Wohlstand

Autorin

Conny Koppers ist spiritueller Coach und Autorin. Bereits im Jahr 2010 hat sie begonnen, ihre Weisheiten mit der Welt zu teilen. Mittlerweile inspiriert sie Millionen Menschen über die sozialen Medien. Heute lebt sie auf einer Nordseeinsel und genießt mit ihren Hunden das Leben am Meer.

www.connykoppers.de
Instagram: www.instagram.com/conny.koppers

Conny Koppers

JETZT
BEGINNE ICH
NEU

Affirmationen
für Erfolg und Wohlstand

Lisann

Lisann Verlag

ISBN 978-3-98763-003-3

1. Auflage 2023
Copyright © Lisann Verlag, Robby Altwein,
Weidenstraße 10 a, 26757 Borkum
Alle Rechte sind vorbehalten.
Illustrationen: Ruslana Lubenets © creativemarket.com
Lektorat: Michaela Ebbinghaus
Satz, Druck und Bindung: GGP Media GmbH, Pößneck
Printed in Germany.

www.lisann-verlag.de

Warum Affirmationen?

Affirmationen sind kraftvolle Werkzeuge, die dein Leben verändern. Sie sind einfach in der Anwendung und sehr wirksam. Als ich begonnen habe, mit Affirmationen zu arbeiten, befand ich mich gerade in einer schwierigen Phase meines Lebens. Durch die Affirmationen stellten sich überraschend schnell Veränderungen ein. Zuerst änderte sich mein Lebensgefühl, dann änderte sich mein Leben. Es war wirklich magisch. Ich verstand nun, dass mein Unterbewusstsein vorher negativ programmiert gewesen war und ich deshalb schwierige Lebensumstände hatte. Ich zog Schwierigkeiten an wie ein Magnet. Durch die Arbeit mit den Affirmationen wurde ich hingegen ein Magnet für alles Schöne im Leben. Nicht nur meine Gefühle veränderten sich. Durch die Arbeit mit den Affirmationen wurden meine Träume wahr. Ich erreichte plötzlich Ziele, die früher unerreichbar in weiter Ferne gelegen hatten. Die Transformation beginnt mit einem veränderten Bewusstsein. Ein neues Selbstbild führt zu einem neuen, besseren Leben. Einer der schnellsten Wege zu diesem neuen Leben sind Affirmationen. Wenn du mit ihnen arbeitest, wird dein Unterbewusstsein neu programmiert. Du wirst zu einem Menschen, der Erfolg ausstrahlt und Erfolg und Wohlstand anzieht.

Wie nutze ich die Affirmationen richtig?

Ich empfehle dir, deine liebsten Affirmationen aus diesem Buch abzuschreiben und sie sichtbar in deinem Zuhause zu platzieren. Je öfter du sie liest oder laut aufsagst, umso besser wirken sie. Du musst dich dabei nicht anstrengen. Ganz im Gegenteil: Je entspannter du bist, umso schneller wirst du Erfolge erzielen. Glaube daran, dass die Affirmationen wirken und es wird passieren.

In der Bibel steht: »Darum sage ich euch: Wenn ihr betet und um etwas bittet, dann glaubt, dass ihr es empfangen habt, und die Bitte wird euch erfüllt werden, was immer es auch sei.« *(Markus 11,24)*

Wenn dir Zweifel kommen, ist das kein Grund zur Sorge. Bleibe einfach dran und arbeite weiter mit den Affirmationen. Schon bald werden die Zweifel weniger werden und deine Gedanken und Gefühle werden von Tag zu Tag positiver.

Wie du mit diesem Buch arbeitest

Dieses Buch ist dafür gemacht, dass du täglich darin lesen kannst. Du kannst, musst aber nicht. Finde deinen eigenen Rhythmus. Je öfter und entspannter du die Affirmationen liest und sprichst, umso schneller wirst du dein Ziel erreichen.

Du kannst in einer Session eine Affirmation lesen oder auch mehrere. Vertraue auf dich, du wirst das Richtige tun.

Ziele setzen

Bevor du mit den Affirmationen arbeitest, solltest du dir klare Ziele setzen. Je definierter deine Ziele sind, umso besser können die Affirmationen in deinem Leben wirken. Überlege dir, welche Ziele wirklich wichtig sind und halte sie unbedingt schriftlich fest. Du kannst auch ein Vision Board mit deinen Zielen gestalten. Suche Bilder, die deine Ziele repräsentieren und klebe sie auf ein großes Stück Pappe. Hänge dein Vision Board an einen Ort, wo du es oft sehen kannst, z. B. über den Schreibtisch oder neben dein Bett. Wenn du morgens aufwachst, hast du deine Ziele im Blick und kannst dich darauf freuen. Achte darauf, dass deine Ziele konkret sind. Wenn du als Ziel ›finanzielle Freiheit‹ formulierst, ist das zu ungenau. Wie viel Geld bedeutet für dich finanzielle Freiheit? Schreibe die genaue Summe auf, die du im Monat oder im Jahr verdienen möchtest.

Wenn du dir klare Ziele gesetzt hast und mit den Affirmationen arbeitest, wird sehr viel Kraft freigesetzt. Mach dich bereit für mehr Power und Energie. Folge den Ideen und Eingebungen, die sich dir aufzeigen, und handle mutig. Erfolg und Wohlstand werden sich einstellen. Ich wünsche dir viel Freude mit den Affirmationen. Du kannst sofort beginnen!

Erfolg ist mir wichtig.
Ich befinde mich jetzt auf der Straße zum Erfolg
und kenne nur noch dieses Ziel.
Ich schaue geradewegs nach vorne
und bin vollkommen motiviert.

Es ist meine Pflicht,
erfolgreich zu sein,
denn ich bin auf der Welt,
um etwas Großartiges zu erschaffen.
Jetzt werden mir alle Türen geöffnet,
die mein Projekt/meine Idee unterstützen.

Mein Erfolg ist grenzenlos
und mit jedem Tag habe ich mehr Ideen,
die mir mehr Wohlstand bringen.

MEIN ERFOLG IST GRENZENLOS.

Ich denke jeden Tag
wie ein äußerst erfolgreicher Mensch
und setze meine Impulse in die Tat um.

Ich bin wertvoll und darf Reichtum genießen.
Wohlstand ist vollkommen natürlich
und bereichert mein inneres Glück.

Ich werde jetzt aktiv,
damit der Wohlstand eine Tür hat,
durch die er zu mir kommen kann.
Voller Freude werde ich ihn willkommen heißen.

ICH WERDE JETZT AKTIV.

Ich erwarte nur noch das Beste
und erhöhe meine Maßstäbe.
Nur das Beste ist gut genug für mich.

Ich fühle, denke und handle so,
als wäre ich bereits erfolgreich.
So zu tun, als ob, macht mir Freude
und steigert meine Energie.

Meine Vergangenheit ist unwichtig.

Jetzt schlage ich ein neues Kapitel auf.

Es trägt den Namen: Mein erfolgreiches Leben.

Jetzt schlage ich ein neues Kapitel auf.

Ich bin bereit, Dinge zu tun,
die mich erfolgreich machen.
Ich bin bereit,
meine Komfortzone zu verlassen
und etwas zu wagen.

Ich löse mich jetzt von meiner Vergangenheit
und schließe mit jeder Ausrede ab,
die mich von meinem Erfolg abhält.

Ich lege meinen Fokus auf meinen Weg
und setze mich an die erste Stelle.
Ich bin wertvoll
und werde Wertvolles erschaffen.

ICH BIN WERTVOLL.

Erfolg ist das Erreichen meiner Wunschziele.
Ich setze mir große Ziele und bin bereit,
aktiv zu werden, um sie zu erreichen.

Meine Gedanken generieren meine Erfolge.
Je positiver ich denke,
desto erfolgreicher werde ich.

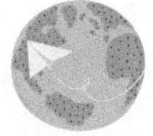

Ich verwandle meine Hoffnung jetzt
in eine feste Überzeugung.
Ich weiß, dass ich erfolgreich werde,
und ich bin offen für die liebevolle Unterstützung
der Engel und anderer Menschen.

ICH WEISS, DASS ICH ERFOLGREICH WERDE.

Ich setze meine Ziele noch höher,
als ich es im Moment tue.
Jetzt ist die Zeit,
um meine größten Träume zu realisieren.

Ich entscheide mich für Liebe, Wohlstand und
Erfolg. Mein Leben ist wundervoll
und ich freue mich auf jeden neuen Tag.

Mein Leben hat einen Sinn.
Ich bin hier, um erfolgreich zu sein.
Ich bin hier, um glücklich zu sein.
Ich bin hier, um die Welt zu bereichern.

Ich bin hier, um erfolgreich zu sein.

Meine Energie steigert sich
und wird mit jedem Tag mehr.
Ich bin vollkommen vital und kraftvoll.
Mit Freude und Elan setze ich meine Ziele
in die Tat um.

Ich erreiche den Erfolg mit Leichtigkeit
und Freude.
Ich lächle und weiß, dass ich geführt werde.
Alles entwickelt sich zu meinem Besten.

Ich entscheide mich jetzt für ein
erfolgreiches und außerordentlich
glückliches und erfülltes Leben.
Ich bin bereit alles,
was dafür notwendig ist zu tun.

ICH ENTSCHEIDE MICH JETZT
FÜR EIN ERFOLGREICHES LEBEN.

Meine Komfortzone wird mich nicht zum Erfolg
führen, deshalb handle ich ab heute mutig
und mit großem Einsatz.
Mein Erfolg liegt außerhalb meiner Komfortzone.

Ich erinnere mich an meine Lebensträume
und werde sie in die Tat umsetzen.
Jetzt ist der richtige Zeitpunkt,
aktiv zu werden.

Ich investiere jetzt mehr Energie
in meine Träume als je zuvor.
Ich bin vital und voller Begeisterung.

ICH INVESTIERE JETZT MEHR ENERGIE
IN MEINE TRÄUME ALS JE ZUVOR.

Ich werde mir jetzt meines
großen Potenzials bewusst und
lenke es in die richtigen Bahnen,
um es für meinen persönlichen Erfolg zu nutzen.

Ich lasse mich nicht von kritischen Stimmen
anderer Menschen aufhalten.
Ich bin bereit, negative Kommentare
als Antrieb zu nutzen.

Ich akzeptiere in meinem Leben nur noch
Erfolg, Liebe, Leichtigkeit und Mut.
Ich bin bereit, mich neu auszurichten.

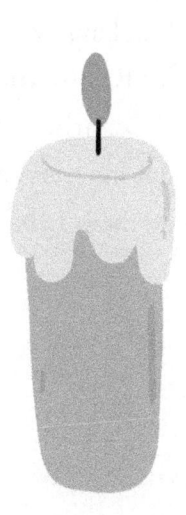

ICH AKZEPTIERE IN MEINEM LEBEN NUR NOCH
ERFOLG, LIEBE, LEICHTIGKEIT UND MUT.

Wenn ich am Morgen erwache,
kann ich es kaum erwarten,
weiter an der Realisierung meiner
Ziele zu arbeiten.
Ich werde von einem inneren Feuer angetrieben,
das Beste aus meinem Leben zu machen.

Ich besitze so viel Energie,
dass ich niemals müde werde,
wenn ich meine Ziele verfolge.
Ich bin voller Tatendrang wie ein Kind,
das die Welt erkundet.

Auf Herausforderungen reagiere ich
mit Tatendrang und Optimismus.
Ich bleibe in allen Situationen gelassen
und nutze sie zu meinem Vorteil.

Ich bleibe in allen Situationen gelassen

Ich befreie mich jetzt von allen Unsicherheiten
und strebe mutig meinem Ziel entgegen.
Ich verlasse das Mittelmaß
und erhöhe meine Maßstäbe.

Ich lebe jetzt meine volle Macht
und setze sie zum Wohle aller ein.
Mein Leben ist ein Vorbild für andere.

Jeden Abend freue ich mich auf den nächsten Tag,
an dem ich weiter an meinen Zielen arbeiten darf.
Meine Ziele schenken mir Kraft und Freude.

MEINE ZIELE SCHENKEN MIR KRAFT UND FREUDE.

Wenn sich eine Herausforderung in
meinen Weg stellt, nutze ich sie als Sprungbrett
zu noch mehr Erfolg und Erfüllung.

Ich erkenne, wer ich wirklich bin.
Ich bin ein Wesen mit göttlicher Schöpferkraft.

Ich nehme mein Schicksal jetzt in meine
eigenen Hände und gestalte es so, wie es mir gefällt.
Ich setze mir große Ziele,
denn ich kann alles erreichen,
was ich erreichen will.

ICH NEHME MEIN SCHICKSAL JETZT
IN MEINE EIGENEN HÄNDE.

Ich erkenne,
dass ich aus einem bestimmten Grund
auf dieser Welt bin.
Ich bin hier,
um mein volles Potenzial zu entfalten.

Ich bin in der Lage, alles zu ändern,
was mir nicht gefällt.
Ich darf mir große Ziele setzen,
der Erfolg hat keine Grenzen.

Ich trete aus jeglicher Opferrolle heraus
und übernehme jetzt mit Freude
die volle Verantwortung für alles,
was in meinem Leben geschieht.

ICH TRETE AUS JEGLICHER OPFERROLLE HERAUS.

Ab heute handle ich wie ein Mensch,
dem Erfolg wichtig ist.
Ich werde alles tun,
um meine Ziele zu erreichen.

Ich habe klare Ziele und kenne den Weg,
den ich einschlagen muss, um sie zu erreichen.
Ich weiß, dass sich mir jetzt neue Türen öffnen.

Meine Gedanken kreisen nur noch um Erfolg,
Liebe, Glück und Freude.
Ich verfolge ein einziges Ziel:
das Beste aus meinem Leben zu machen.

MEINE GEDANKEN KREISEN NUR NOCH
UM ERFOLG, LIEBE, GLÜCK UND FREUDE.

Ich lege jede Unsicherheit ab
und erwarte von mir selbst und vom Leben
nur das Allerbeste.
Ich bin wertvoll.

Ich erkenne jetzt, dass ich viele Jahre
unter meinen Möglichkeiten gelebt habe.
Ich ändere es sofort.
Ab heute beginnt mein erfolgreiches Leben.

Ich übernehme die volle Verantwortung
für meine Situation.
Ich finde für jedes Problem eine Lösung.
Ab heute handle ich erfolgsorientiert.

ICH FINDE FÜR JEDES PROBLEM EINE LÖSUNG.

Alles, was in meinem Leben bis heute passiert ist,
habe ich selbst entstehen lassen.
Ich entscheide mich jetzt dafür,
nur noch Erfolg und Liebe entstehen zu lassen.

Mir ist bewusst,
dass Erfolg nicht einfach so passiert,
sondern das Ergebnis von erfolgsbewusstem Denken
und Handeln ist.
Ab heute denke und handle ich
wie ein erfolgreicher Mensch.

Meinen Zielen und meinem Erfolg
sind in keinerlei Hinsicht Grenzen gesetzt.
Ich darf groß träumen.
Ich mache selbst das Unmögliche möglich.

ICH DARF GROSS TRÄUMEN.

Ich befreie mich aus jeglichem Mangeldenken
und wähle ab heute nur noch
großartige Gedanken
und Ziele für mein Leben.

Ich kann alles hier und jetzt verändern,
was nicht mehr zu mir passt.
Ich entscheide mich hier und jetzt
für Erfolg, Reichtum, Liebe und Freude.

Ich bin ein Magnet für Erfolg und Reichtum
auf allen Ebenen.
Ich ziehe Erfolg und Wohlstand
in jeden Lebensbereich.

ICH BIN EIN MAGNET
FÜR ERFOLG UND REICHTUM.

Ich verspreche,
mich ab heute für Erfolg und Wohlstand
einzusetzen, anstatt passiv darauf zu hoffen
oder zu warten.

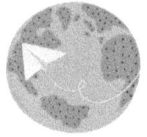

Ich ergreife jede noch so kleine
oder große Chance,
die sich mir bietet,
mehr Wohlstand in meinem Leben zu generieren.

Ich bin wertvoller,
als ich es auszudrücken vermag.
Ich bin eins mit allem, was existiert.
Der gesamte Reichtum des Kosmos ist mein Erbe.

ICH BIN EINS MIT ALLEM, WAS EXISTIERT.

Ich liebe Geld und lade es voller Freude
und Vertrauen in mein Leben ein.
Geld darf in großen Mengen zu mir kommen.

Ich überprüfe täglich meine Haltung
zu Geld und Reichtum.
Ich entferne sofort jede innere Mauer,
die mich von unermesslichem Wohlstand abhält.

Ich entscheide mich jeden neuen Morgen
für ein Leben in Reichtum und Wohlstand.
Ich bin es wert,
das Leben meiner Träume zu genießen.

ICH BIN ES WERT.

Geld ist ein Mittel,
mit dem ich mir ein Leben in Freiheit
ermöglichen kann. Geld bietet mir unendliche
Wahlmöglichkeiten.

Um noch mehr Reichtum in mein Leben
zu bringen, entscheide ich mich für noch
größere Ziele
und setze meine Messlatte höher.

Alles, was ich mir wünsche,
darf mir gehören.
Mir sind keine Grenzen gesetzt.

MIR SIND KEINE GRENZEN GESETZT.

Ich nehme Wohlstand und Erfolg aus vollem Herzen an. Ich gebe mir selbst das Versprechen, nur noch positiv über Geld und Erfolg zu denken.

Ich bin offen für den Reichtum des Lebens.
Ich nehme gern die Geschenke an,
die mir das Leben bietet.
Jede neue Chance öffnet mir die Tür
zu noch größerem Erfolg.

Ich verdiene das Beste
und gestatte mir selbst,
nur noch das Beste vom Besten zu empfangen.

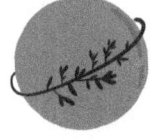

ICH VERDIENE DAS BESTE.

Jeden Morgen sage ich mir,
dass ich alles erreichen kann,
was ich will.
Jeden Morgen sage ich mir,
dass ich gut genug bin.

Ich löse mich jetzt sofort
von jeglichem Mangeldenken
und verpflichte mich,
nur noch positiv
über Reichtum und Geld zu denken.

Ich erschaffe mir
ein überragendes Einkommen. Das Geld
fließt mir aus unerschöpflichen bekannten
und auch unbekannten Quellen zu.

ICH ERSCHAFFE MIR
EIN ÜBERRAGENDES EINKOMMEN.

Ich regele meine Finanzen mit Freude
und Verantwortung.
Das Geld, welches zu mir kommt,
ist mir herzlich willkommen.

Ich bezahle jede Rechnung mit Freude,
denn ich weiß,
dass ich jetzt auf dem Erfolgsweg bin.

Ich bin gewillt mich von dem Verhalten,
das meinen Mangel erzeugt hat, zu lösen.
Ich lasse die Vergangenheit los.

ICH LASSE DIE VERGANGENHEIT LOS.

Ich erschaffe mir jetzt
Gedanken und Gefühle des Wohlstands.
Sie treiben mich an,
mich immer mehr für meine Ziele einzusetzen.

Der Reichtum kommt mit Leichtigkeit zu mir.
Ich bin bereit, mich wirklich dafür einzusetzen.
Ich lasse mich auch von Widrigkeiten
nicht aufhalten.

Jeden Tag gebe ich mein Bestes,
um mir das Leben meiner Träume zu erschaffen.
Ich halte Ausschau nach positiven Ideen,
Menschen und Möglichkeiten.

JEDEN TAG GEBE ICH MEIN BESTES.

Ich betrachte jeden Widerstand als etwas,
das ich mit Kraft und Wille überwinden kann.
Ich bin bereit,
mich den Herausforderungen zu stellen,
die mir auf dem Weg zum Reichtum begegnen.

Ich beende sofort jegliche Form der Selbstkritik.
Ich unterstütze mich mit guten Gedanken
und stärke mein Selbstbewusstsein.

Mein neu gewonnener Selbstwert
öffnet mir jetzt alle Türen zum Wohlstand.
Ich trete voller Selbstbewusstsein auf und
hinterlasse überall einen positiven Eindruck.

ICH TRETE VOLLER SELBSTBEWUSSTSEIN AUF.

Ich bin bereit,
mich auf allen Ebenen meines Lebens
positiv zu verändern.
Ich erfahre dadurch neue, glückliche Umstände
wie Reichtum, Liebe und inneren Frieden.

Ich lasse Veränderung auf natürliche
Weise geschehen. Zu diesen
Veränderungen gehören mehr
Geld, Kraft, Energie und mehr Lebensfreude.

Mein Leben gestaltet sich jetzt um.
Mein neues Leben ist geprägt von Erfolg
und Reichtum.

MEIN LEBEN GESTALTET SICH JETZT UM.

Ich folge meinem Herzen
und lebe meine Berufung.
Ich traue mich, anders zu sein,
als andere es von mir erwarten.

Ich höre ab heute nur noch auf die Stimmen
erfolgreicher Menschen
und blende die kritischen Stimmen
der Menschen aus, die mich kleinhalten wollen.

Ich erreiche einen großen Erfolg nach dem anderen. Meine Quelle für Reichtum ist unendlich.

ICH ERREICHE EINEN GROSSEN ERFOLG
NACH DEM ANDEREN.

Ich stelle mir bildlich vor,
was ich mir wünsche,
denke positiv und gehe sofort die ersten Schritte
zur Erreichung meines Ziels.

Ich bin auf der Straße des Erfolgs
und nehme jetzt die Überholspur.
Mir bieten sich täglich neue Möglichkeiten
zu noch größeren Erfolgen.

Ich werde vom Leben geführt.
Ich vertraue meinem Weg.
Der Reichtum kommt von überallher zu mir.

ICH VERTRAUE MEINEM WEG.

Ich bin offen für mehr Glück, Liebe, Geld und Erfolg. Ich beende jegliche Selbstsabotage mit sofortiger Wirkung.

Die Ideen für mehr Erfolg und Reichtum
fließen mir mit Leichtigkeit zu.
Ich bin ein Magnet für erfolgsbringende Ideen.

Ich bin kreativ und drücke mich
auf meine ganz eigene Art und Weise aus.
Mit meiner Einzigartigkeit falle ich positiv auf
und ziehe noch mehr Reichtum in mein Leben.

ICH BIN KREATIV.

Durch meine positive Ausstrahlung
und positiven Gedanken bin ich ein Magnet
für erfolgreiche
und glückliche Menschen.

Ich verdiene Geld und Erfolg.
Ich bin gut, wie ich bin.
Ich liebe mich.

Ich heiße große Summen von Geld
in meinem Leben willkommen.
Ich bin bereit für die Millionen.

ICH BIN BEREIT FÜR DIE MILLIONEN.

Ich lege meinen Fokus
auf das Leben meiner Träume.
Ich erlaube mir,
meine größten Träume wahrzumachen.

Ich schaffe Raum für Neues.
Ich löse mich von allem,
was mir nicht mehr gefällt,
um für das Beste in meinem Leben offen zu sein.

Es ist die einfachste Sache der Welt,
wohlhabend zu sein.
Es kommt nur auf mein Denken und Handeln an.
Ich denke und handle jetzt wie ein Millionär.

ICH DENKE UND HANDLE JETZT
WIE EIN MILLIONÄR.

Der Reichtum des Lebens steht mir jetzt
zur Verfügung. Ich öffne mich für neue,
positive Erfahrungen
in Bezug auf Wohlstand und Erfolg.

Ich habe die perfekte Arbeit,
bei der ich mich optimal entfalten kann.
Durch meine Klarheit und Energie
wird meine Karriere immer erfolgreicher.

Es gibt immer Menschen,
die meine Unterstützung brauchen
und mich dafür gern reichlich bezahlen.
Die Menschen erkennen meinen Wert
und wollen unbedingt mit mir zusammenarbeiten.

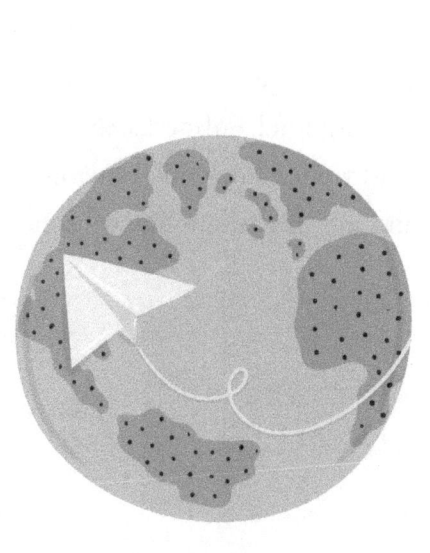

DIE MENSCHEN ERKENNEN MEINEN WERT.

Mein Erfolg wird von Tag zu Tag größer.
Dadurch werden einflussreiche Menschen
auf mich aufmerksam
und wollen mich unterstützen
und mit mir zusammen wirken.

Es gibt immer mehr als genug Kunden für das,
was ich anbiete.
Ich denke jetzt größer und erweitere
meine Firma/mein Business/
meine Selbstständigkeit.

Alles, was ich voller Freude beginne,
wird ein riesengroßer Erfolg.
Mir fließen täglich neue Ideen zu,
die mir noch mehr Erfolg und
Wohlstand bringen.

MIR FLIESSEN TÄGLICH NEUE IDEEN ZU.

Ich verbinde mich jetzt mit
der kosmischen Macht,
mit der ich alles erschaffen kann,
was ich mir wünsche.

Ich lebe und wirke in einem Ozean
des Reichtums,
der Freude und der Liebe.

150 Botschaften,
die dein Leben verändern

Conny Koppers
Nachrichten von Gott
224 Seiten, broschiert
ISBN 978-3-98763-000-2
€ (D) 16,90 / € (A) 17,40

In 150 mutmachenden Botschaften hat die Autorin Vertrauen schenkende und lebensweisende Anregungen von Gott in Worte gefasst. Sie werden dir helfen zu erkennen, wie wertvoll du tatsächlich bist. Diese Nachrichten von Gott schenken dir himmlische Unterstützung, die dich und dein Leben zum Besseren verändern werden. Sie sind dein ganz persönlicher und direkter Draht nach oben.